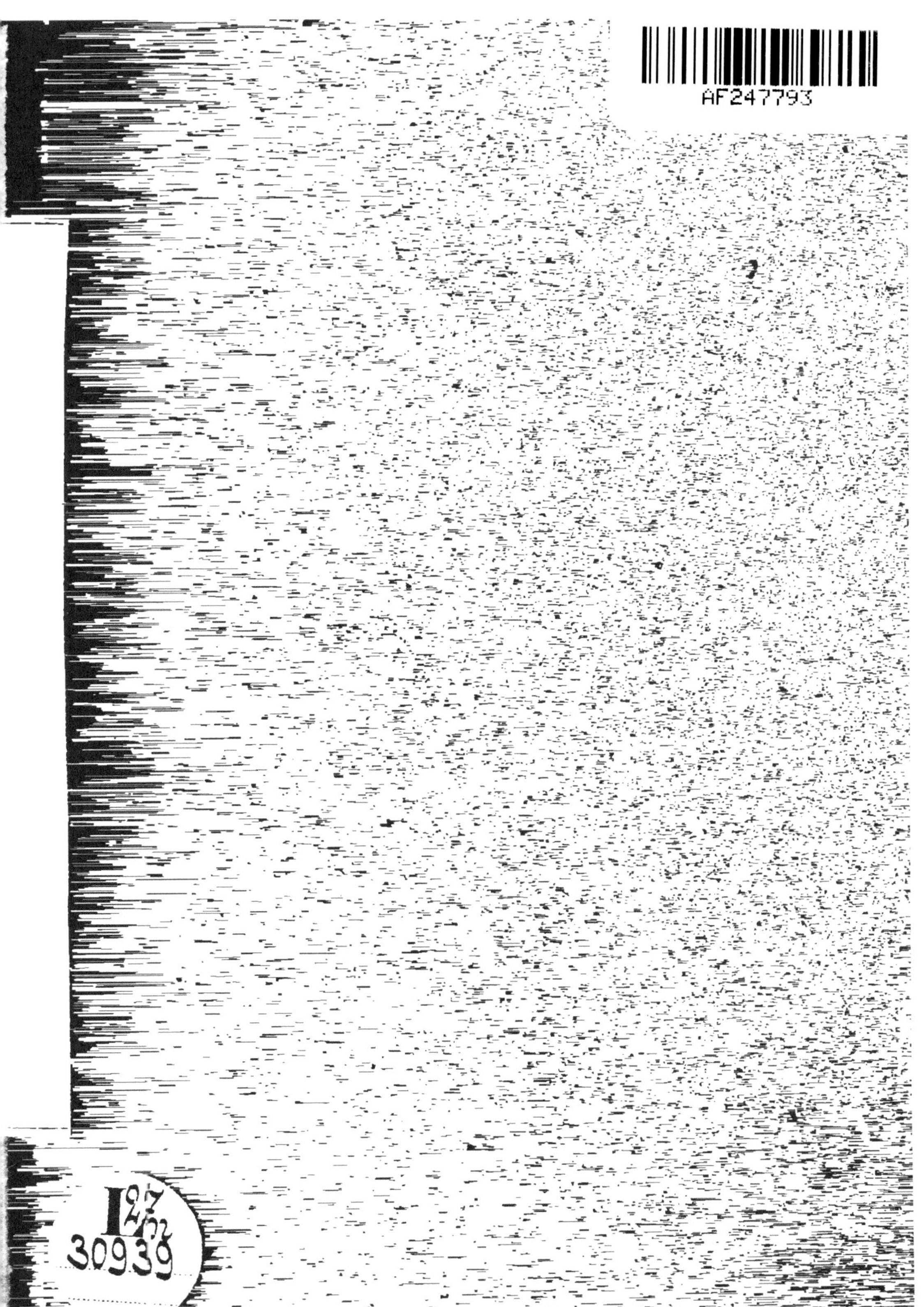

AF247793
30939

UNE

BÉNÉDICTION

DE PIE IX

DOCUMENTS RECUEILLIS

PAR LE

COMTE H. D'IDEVILLE

> Et Jésus, ému de compassion,
> étendit la main et le toucha,
> et lui dit : « Je le veux, sois
> guéri »
> SAINT MARC, I. *Verset* 41.

PARIS

THÉODORE OLMER, LIBRAIRE-ÉDITEUR

53, RUE BONAPARTE, 53

PARIS-AUTEUIL

IMPRIMERIE DES APPRENTIS ORPHELINS, ROUSSSEL, 40, RUE LA FONTAINE

1879

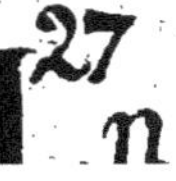

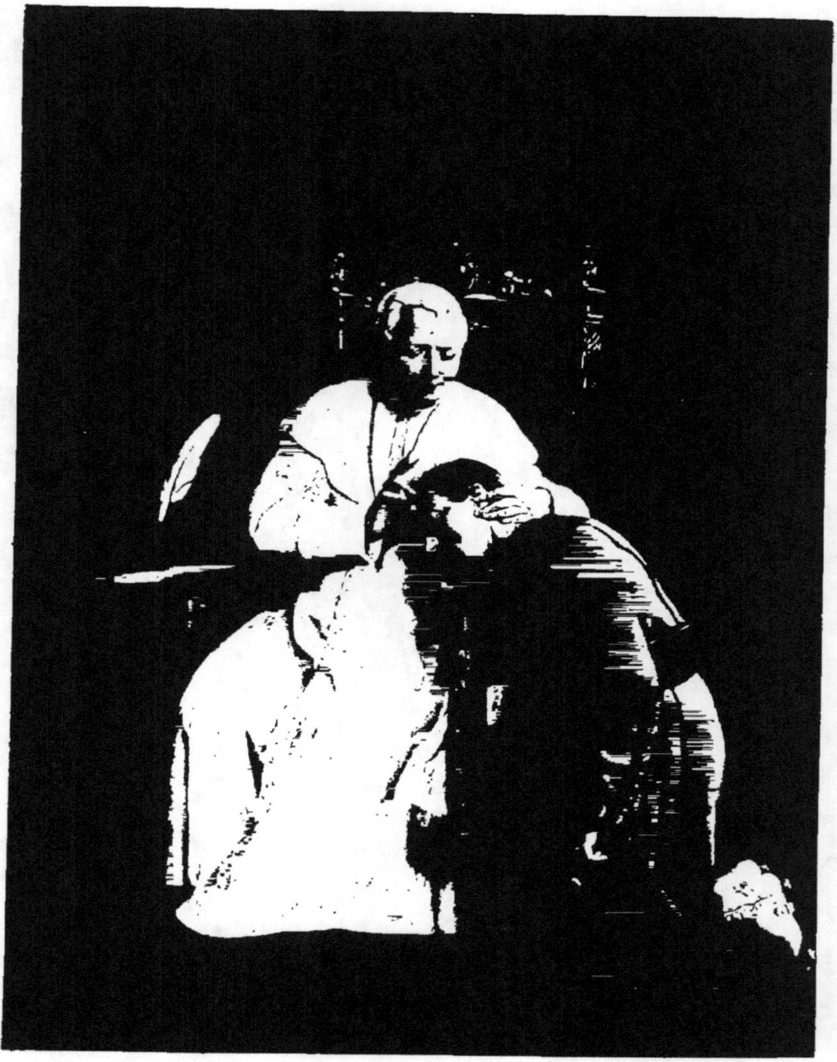

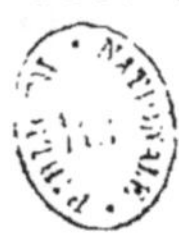

Peint par E. Lafon. *Photoglyptie par Goupil & Cie*

LA BÉNÉDICTION DU PAPE PIE IX

UNE

BÉNÉDICTION

DE PIE IX

UNE

BÉNÉDICTION

DE PIE IX

DOCUMENTS RECUEILLIS

PAR LE

COMTE H. D'IDEVILLE

> Et Jésus, ému de compassion,
> étendit la main et le toucha,
> et lui dit : « Je le veux, sois
> guéri »
> Saint Marc, I. *Verset* 41.

PARIS

THEODORE OLMER, LIBRAIRE-ÉDITEUR

53, RUE BONAPARTE, 53

PARIS-AUTEUIL

IMPRIMERIE DES APPRENTIS ORPHELINS, ROUSSSEL, 40, RUE LA FONTAINE

1879

Permis d'imprimer :

Dijon, le 27 décembre 1878.

G. DARD
Vicaire général.

UNE

BÉNÉDICTION

DE PIE IX

Une année ne s'est pas écoulée depuis que Dieu a rappelé auprès de lui son fidèle serviteur, Pie IX, que déjà les contemporains du grand Pape songent à la béatification de ce Pontife dont la vie demeurera à travers les âges, comme le plus sublime exemple de sainteté, de résignation et de vertu.

Parmi les nombreux incidents de cette longue et glorieuse existence dont toutes les heures furent consacrées à Dieu, parmi tous les faits mystérieux et surnaturels qui ont déjà été recueillis sur le souverain Pontife Pie IX, nous en détacherons un seul dont le souvenir est pieusement conservé dans une modeste famille de Bourgogne. Sans vouloir tirer une conclusion absolue de ce fait et sans devancer un jugement que l'Église seule a le pouvoir et le droit de ratifier, nous allons simplement reproduire ici le récit touchant d'une guérison extraordinaire, récit écrit par la personne même qui en a été l'objet.

Étienne Coqueugniot naquit le 2 août 1845, d'une ancienne et honorable famille du canton d'Arnay-le-Duc (Côte-d'Or). Un vieillard disait récemment, en montrant au hameau d'Hully la maison paternelle : « Il n'était personne de chez nous qui, passant devant cette maison, ne se découvrît, quand même la porte était fermée. » La famille d'Étienne Coqueugniot, en effet, depuis un temps immémorial, semblait être marquée du doigt de Dieu.

Étienne était le plus jeune de six enfants, dont quatre furent consacrés au Seigneur; son frère aîné, l'abbé Coqueugniot, curé de Poinçon-lès-Larrey (Côte-d'Or), vit encore; ses deux sœurs religieuses chez les Sœurs de la Retraite à Autun, sont mortes en état de sainteté.

L'enfant fut élevé à la maîtrise d'Autun et entra ensuite au petit séminaire de Plombières-

lès-Dijon. Il terminait sa rhétorique lorsqu'il fut
atteint de la terrible maladie dont il a décrit
lui-même toutes les phases, ainsi que la guérison instantanée.

Contraint d'abandonner ses études religieuses, il s'engagea dans les Zouaves Pontificaux
et arrivait à Rome vers la fin de l'année 1867.
Les atteintes de son mal le poursuivirent de
nouveau dans le cours de l'année 1868, et ce
fut au moment où il allait quitter Rome et le
service actif de zouave pontifical, qu'il obtint
une audience du Souverain Pontife, et que touché au front par la main du Pape, il se releva
guéri, le 21 novembre 1868.

Depuis son retour en France, jusqu'à la guerre
de 1870, il dirigea à Larrey (Côte-d'Or), les travaux d'une grande ferme, où il a édifié chacun
par sa douceur et sa piété. C'est de lui qu'il est
question dans la *Vie de la Sœur Nathalie Na-
rischkine* (par Mme Craven, page 384), lorsqu'elle
parle d'un jeune homme dont elle détermine la
vocation. Il se trouvait en effet à Larrey, au
moment où cette religieuse, Supérieure des
Filles de la Charité à Saint-Thomas-d'Aquin,
vint passer quelques heures dans le village.
Ayant entendu parler de lui, elle le fit venir, et
dès ce jour, fut arrêtée l'entrée d'Étienne chez
les Lazaristes.

En 1875, il allait terminer ses études théolo-
giques chez les prêtres de la Congrégation de la

Mission, lorsque l'évêque d'Abyssinie demanda des sujets à la Maison-Mère. Chacun savait que partir pour l'Abyssinie était aller au-devant d'une mort certaine. Étienne s'offrit immédiatement; ce fut un ordre formel de M. Chinchon, son directeur, qui suspendit son départ. Quelques mois après, le 11 avril, il quittait Marseille avec Mgr Delaplace, évêque de Péking, et bientôt partait en mission à Ngan-Kia-Tchouang. Enfin, au commencement de l'année, il était nommé directeur du grand district de Pao-Ting-Fou et mourait le 10 avril 1878.

25 décembre 1878.

Voici le récit de la guérison merveilleuse
d'Étienne Coqueugniot, racontée par lui-même,
dans une lettre écrite à son frère, Monsieur le
curé de Poinçon-lès-Larrey (Côte-d'Or).

De Ngan-Kia-Tchouang (diocèse de Péking).

15 juillet 1877.

Bien cher frère,

S'il est mal à tout homme, à un chrétien surtout, de parler de soi, il est cependant des circonstances personnelles, des bienfaits reçus,
qu'on ne saurait taire; surtout si leur récit, im-
posé d'ailleurs par la reconnaissance, doit tour-
ner à la gloire de Dieu. Telle est la réflexion
sérieusement méditée qui me pousse aujourd'hui,
bien cher frère, à accéder enfin à la demande
que vous m'avez plusieurs fois renouvelée, **de**
relater, par écrit, le fait de ma guérison instantanée par l'Auguste Pie IX. Puisse ce simple
narré lui payer le tribut de ma profonde grati-
tude, et ajouter un fleuron de plus à son immor-
telle couronne! Mais il sera bon, ce me semble,
de redire d'abord les phases de ma longue maladie.

C'était en septembre 1864. J'avais alors 19 ans.

Je me trouvais à la campagne chez un parent où j'avais l'habitude de passer le temps de mes vacances (1). Un jour, étant seul à la maison, j'entendis soudain le cri sinistre de : « Au feu ! au feu ! » Je m'élance tout effrayé dans la rue, et je vois à dix pas à peine, de grandes flammes s'échappant du toit de chaume de la maison voisine; je mesurai d'un coup le danger qui menaçait la ferme où j'étais, et je courus dans les étables pour m'assurer s'il n'y aurait pas des bestiaux à sauver. Mais le vent était grand, les étincelles, semées de tous côtés, allumèrent bien vite un vaste incendie sur plusieurs points à la fois, et, quand je voulus sortir, une épaisse fumée me fermait le passage. Cherchant alors mon salut par une autre issue, je parvins à m'échapper par une fenêtre de derrière qui donnait sur la prairie. Un cheval était là tout près enveloppé dans un nuage de fumée. Je me précipitai pour l'arracher à une asphyxie certaine. Mais à peine sorti de ce mauvais pas d'où m'avait tiré moi-même un parent survenu fort à propos, je tombai sans connaissance et sans force, me relevai bientôt, et retombai quatre ou cinq fois dans le court trajet de dix à quinze pas.

A partir de ce jour, je fus atteint d'une maladie que mon incompétence ne me permet pas de qualifier. Je tombais subitement sans avoir le

(1) Chez sa sœur à Hully, canton d'Arnay-le-duc (Côte-d'Or).

temps de chercher un appui ; et, pendant ces attaques qui se répétaient, dans le principe surtout, jusqu'à sept ou huit fois par jour, tous mes
membres se tordaient ; mes nerfs se raidissaient ;
d'abondantes larmes coulaient de mes yeux à
demi-fermés ; une sueur froide couvrait mon
visage ; mes dents serrées grinçaient les unes
contre les autres ; la respiration, d'abord très-
rapide, comme celle d'un homme qui a fait une
longue course, cessait tout à coup ; et, pendant
quelques instants d'un épuisement complet, la
vie ne se manifestait chez moi que par le batte-
ment du pouls et du cœur. Peu à peu la respiration revenant avec les forces, je jetais de temps
en temps de gros soupirs, que les assistants
prirent plus d'une fois pour les derniers, tant ils
étaient rares et pénibles. C'était toujours l'indice
de la fin prochaine de ces crises bizarres. Bientôt
je me relevais sans le secours de personne, ne
ressentant de malaise qu'une extrême faiblesse,
qui, assurait-on, se trahissait sur mon visage à
demi-décomposé. Ces détails je puis les redire
moi-même, car, au plus fort de l'attaque, je
conservais toute ma présence d'esprit ; j'entendais et comprenais parfaitement tout ce qui se
passait autour de moi. Je me souviens même
qu'un jour, pendant une crise des plus violentes,
une personne qui m'est bien chère, effrayée de
ne me plus voir donner aucun signe de vie,
s'écria : « Oh ! cette fois, il est mort ! » Et elle se

prit à pleurer comme on pleure un frère que l'on aime. J'avais tout compris; mais il m'était impossible de la rassurer ni de la voix ni du geste.

Durant l'espace de deux ans, je dus interrompre mes études (1), et me livrai à toutes sortes de récréations, suivant en cela le conseil des médecins qui tous s'accordaient à dire qu'une maladie de ce genre ne pouvait se passer qu'à la longue, au moyen d'exercices fréquents et variés. Enfin, le mal diminuant, les crises devenant rares et moins longues, je songeai à reprendre mes études. Pendant trois mois je suivis régulièrement les cours (2), et déjà je m'applaudissais au fond de mon âme, d'une parfaite guérison. Mais avec les fatigues de l'esprit le mal revint bientôt plus terrible que jamais, et je dus de nouveau chercher dans l'exercice du corps un mieux qui semblait me fuir à mesure que je l'appelais. C'était en février 1867. Je me rendis à Paris espérant que la variété des lieux, et un nouveau genre de vie amélioreraient mon état. Un instant je crus ne m'être pas trompé; les crises étaient redevenues moins fréquentes; plus de quatre mois se passèrent même sans la moindre rechute; et, cette fois encore, je bénissais Dieu qui semblait me faire grâce d'une plus

(1) Il quittait le petit séminaire de Plombières-lès-Dijon.
(2) Ces trois mois furent passés au grand séminaire de Dijon.

longue épreuve. Pourtant ce n'était pas encore la fin. Au mois d'août de la même année je retombai aussi gravement atteint que par le passé. En vain cherchai-je, dans la promenade, et dans de fréquentes visites aux merveilles de l'Exposition d'alors, un remède à mon mal. Sur le conseil d'un fameux docteur de Paris (1) je revins à la campagne (2) : l'air pur des champs, disait-il, pouvait seul me procurer quelque soulagement. J'étais, je l'avoue, profondément dégoûté de la vie, et parfois le désespoir se glissait dans mon âme. Je sentais en effet tout le poids de ma pénible situation : à 22 ans, sans fortune, incapable de remplir la moindre carrière, sans espoir peut-être d'en remplir jamais aucune ! Cette perspective me remplissait l'âme de sombres pensées qui ne servaient qu'à aggraver mon mal de jour en jour. Je versai bien des larmes dont Dieu seul fut témoin.

Un jour, c'était vers le 5 ou le 6 novembre 1867, j'étais en compagnie de deux amis (3) qui s'entretenaient des nouvelles du moment. Mentana et ses héros furent bientôt le thème de la conversation. « Oh ! dit l'un, si je n'avais que 20 ans, et que je fusse libre de ma personne, comme je serais vite à Rome pour offrir au Pape et mes forces et ma vie ! Avez vous lu l'*Univers*

(1) Le docteur Lassègue.

(2) Chez son frère, curé de Poinçon, canton de Laignes (Côte-d'Or).

(3) A Molesme, canton de Laignes.

de ce matin ? » Ces mots m'avaient profondément remué ; et, le soir même, je dévorais pour la première fois un numéro de l'*Univers* racontant la bataille de Mentana. A chaque mot de cette lecture je sentais renaître en moi un peu de courage et de force ; désormais, mes plus chers désirs se portaient vers la Ville Éternelle ; je voulais être zouave pontifical. Mon parti fut vite pris. Six jours après j'arrivais à Rome où l'on me trouva bon pour le service. L'exercice militaire et peut-être aussi le changement de climat produisirent sur ma santé d'admirables effets. J'aimais d'ailleurs ce nouveau genre de vie ; la cause que je servais m'était des plus chères ; le sac et le fusil me furent bientôt familiers ; tout allait à merveille. Déjà je ne passais plus pour novice dans l'école de soldat, de peloton, et de tirailleur ; enfin, j'allais être versé dans une compagnie active, quand un jour en plein exercice, je tombai. Emporté comme atteint d'une faiblesse, deux camarades furent seuls témoins de ce qui se passa, et on n'attacha aucune importance à cet accident qu'on prit pour une légère indisposition. Deux jours après je rejoignais, à Albano, la compagnie à laquelle on m'avait adjoint ; c'était à la fin de janvier 1868.

En moins de six mois nous changeâmes quatre ou cinq fois de garnison. Albano, Rocca di Papa, Tivoli, Arsoli, Subiaco, Rome, tel fut l'itinéraire que nous parcourûmes, tantôt faisant

le pénible service de place, tantôt pourchassant
les brigands des montagnes. Durant ce temps
de marches et contre-marches, ma santé se
maintint aussi parfaite que possible et de nouveau, dans la persuasion d'une parfaite guérison,
je promettais dans le fond de mon cœur de
consacrer au Pape, mon roi bien-aimé, le reste
de mes jours. Survint bientôt une autre épreuve
qu'il est peut-être bon de signaler. Atteint de la
dyssenterie, à la suite de cinq jours de marche
forcée, j'entrai à l'hôpital du Saint-Esprit où,
pendant deux mois, je luttai entre la vie et la
mort, sans rien ressentir toutefois de ma première maladie. Je sortis enfin, mais pour accep-
ter, contre mon gré, un congé de convalescence.
Trois mois se passèrent sur le sol natal, et je
revins à mon poste parfaitement guéri, et bien
décidé à faire bonne contenance en face des
graves événements qui déjà semblaient poindre
à l'horizon. Bizarre destinée ! Cette fois, si Dieu
m'appelait à Rome, c'était moins pour prêter au
Pape l'appui de mon faible bras que pour rece-
voir de lui le plus insigne des bienfaits.

Quinze jours à peine s'étaient écoulés depuis
mon retour au milieu de mes camarades, lorsque
je retombai sur les rangs, à l'appel du matin.
Quelques amis me transportèrent au corps de
garde et me déposèrent sur la planche qui sert
de lit aux hommes du poste. Y restais-je longtemps ? je ne le crois pas ; toutefois la crise fut

terrible. J'entendais voler de bouche en bouche ces mots peu rassurants pour moi :

— Le pauvre garçon est donc épileptique ! Le savais-tu toi ?

— Pas le moins du monde, il passait pour un des plus forts de la première escouade.

— Cet homme ne peut être soldat, dit un officier qui venait d'entrer au poste ; qu'on le conduise à l'hôpital, puis on avisera.

Les crises se renouvelèrent trois fois le même jour. Le lendemain j'étais porté sur la feuille des malades, et, sans même passer la visite du docteur, je fus conduit à l'hôpital où j'avais fait naguère un stage de deux mois. Loin de moi la pensée de mal parler de cet asile de la charité et du dévouement, où des âmes d'élite et d'abnégation nous prodiguaient chaque jour des soins si maternels. Pourtant cette fois l'hôpital me faisait horreur, et en y pénétrant j'aurais préféré mille fois franchir le seuil de la tombe. C'est que je pressentais que dans quelques jours je serais contraint de rentrer dans ma famille, et recommencerait alors une longue suite d'épreuves, de dégoûts, de désespoir peut-être. On ne saurait décrire ces douleurs de l'âme : il faut les avoir éprouvées pour les comprendre.

Pendant plus d'une semaine, le mal s'en fut croissant au lieu de diminuer : j'avais jusqu'à cinq ou six crises par jour, et si instantanées, si violentes, qu'un jour une bonne Sœur me dit :

— Oh ! Monsieur, comment ne vous êtes-vous pas tué aujourd'hui ? Cet après-dîner, je vous ai vu donner de la tête contre cette colonne avec tant de force qu'un instant tout le monde vous a cru mort !

Après mûr examen, les docteurs déclarèrent la maladie comme chronique sinon incurable, et me délivrèrent un certificat destiné à faire dresser mon congé comme impropre au service. Au sortir de l'hôpital, je fis une visite à la bonne supérieure, ma Sœur Lequette, actuellement Supérieure Générale des Filles de la Charité, pour la remercier des bons soins qui m'avaient été prodigués pendant mes deux maladies.

« Monsieur, me dit-elle, si j'étais à votre place j'irais voir le Pape et je le prierais de me guérir. Il le peut, et que ne veut-il pour ses chers zouaves ! »

Cette parole me rendit l'espoir. Une seule chose me semblait difficile : Comment, moi, simple zouave, sans grade, sans fortune et sans nom, pouvais-je espérer une audience particulière du Pape, quand de hauts personnages pouvaient à peine l'obtenir ? D'ailleurs, quelques jours auparavant, le général avait interdit à tout militaire de faire la moindre démarche pour obtenir une pareille faveur. Toutefois je me hasardai au risque d'essuyer un refus, et de me voir puni pour avoir enfreint une défense formelle de la place. Je me rendis au Vatican, partagé entre l'espoir et la crainte, et j'exposai au Camérier qui me reçut l'objet de ma demande.

« Monsieur, me dit-il, votre démarche n'a pas grande chance de réussir ; pourtant j'en parlerai à Sa Sainteté, et en cas d'admission, on vous préviendra du jour et de l'audience. Votre adresse ?..... »

Et je dictai, non sans balbutier, je crois, mon nom, le numéro de ma compagnie et de mon bataillon. Deux jours après mon congé était sorti au rapport du matin ; j'étais donc libre, nullement soumis aux ordres du régiment ; je pouvais voir le Pape sans encourir de punition ; mais aucune nouvelle partie du Vatican.

Ce même jour j'avais eu deux terribles attaques ; et c'est à peine s'il me restait assez de force pour disposer, avec mes amis, mes préparatifs de départ. Soudain, combien la Providence est bonne, et que ses desseins sont impénétrables ! un de mes camarades m'appelle accourant suivi de tous les hommes de la chambrée.

» Ah ça ! me dit-il, il paraît que tu es un personnage maintenant ! Tiens, voici un gros pli du Vatican. Dame ! ce doit être précieux : c'est un Garde-Noble à cheval, qui vient de l'apporter ; regarde ! »

Ma main tremblante rompt bien vite le sceau aux armes de Pie IX. J'ouvre et je lis en italien :

Rome, le 21 novembre 1868.

« *Sa Sainteté daignera vous admettre aujourd'hui 21 novembre en audience particulière, à 2 heures précises.* »

A deux heures, et bien avant, j'étais au Vatican, attendant mon tour pour pénétrer auprès du Vicaire de Jésus-Christ. Je ne dirai pas mon bonheur; il était trop grand pour pouvoir le décrire. Mon âme éprouvait mille émotions qu'on ne saurait comprendre sans les avoir goûtées. Était-ce vraiment moi qui dans quelques instants aurais l'incomparable honneur d'être admis seul avec le plus auguste des Souverains de la terre? J'avais peine à me le persuader.

Enfin mon tour arriva. Introduit par un Camérier, je fis les trois prostrations d'usage, avançant à chaque fois d'un pas, et je me trouvai bientôt seul avec le Roi-Pontife. Pie IX était assis dans un riche fauteuil, ayant devant lui une table de travail chargée de livres, de manuscrits et de papiers.

« Oh ! dit-il, un de mes zouaves. »

Et déjà j'étais à ses pieds, le cœur gonflé de je ne sais quelles impressions de bonheur. Ne pouvant parler, je me pris à pleurer.

« Comment, poursuivit en italien le vénérable vieillard, un zouave qui pleure? Et ce

disant, il se penchait sur le bord de son fauteuil
pour me prendre la main.

— Père, dis-je, en contenant à peine mon
émotion, je suis malade, on ne veut plus de moi
au régiment, et, avant de rentrer en France, j'ai
désiré voir Votre Sainteté une dernière fois pour
La prier de me bénir.

« Oh ! mon cher (*caro mio*), vous êtes fran-
çais. »

Et il m'entretint quelques instants sur mon
diocèse et mon évêque.

« Oui, oui, reprit-il bientôt, je vous bénirai :
Mais quelle est donc votre maladie ? » Et je
lui fis en peu de mots l'abrégé du récit que je
viens d'exposer. « Oh ! on vous dit épileptique !
courage, mon enfant, ça ne sera rien : ça se
passera subitement (*subito*). »

Et d'une main m'appuyant la tête sur sa poi-
trine, il me fit un signe de croix sur le front en
prononçant quelques paroles que je ne pus saisir. Qu'on pense, si possible, à mon bonheur de
cet instant ! Dès lors j'eus l'intime conviction
que je serais guéri.

« Maintenant debout, reprit Pie IX. »

— Saint Père, encore une faveur. Et je tirai
de ma manche un petit rouleau de papier que
je lui présentai à signer. C'était une indulgence
plénière *in articulo mortis*, et une bénédiction
apostolique pour toute ma famille.

« Ah ! voilà une fraude ; vous faites comme

les Franciscains qui se servent de leur manche
en guise de poche. » Et déjà saisissant une
grande plume de cygne restée dans l'encrier,
il souscrivit à ma demande. « Allons debout!
debout! reprit-il : Je vais maintenant vous donner
une médaille. » Cette fois, j'obéis en suivant
du regard le Pontife souverain qui, se levant de
son fauteuil, se rendit dans une pièce voisine
pour revenir bientôt m'apporter lui-même un
bel écrin renfermant une médaille d'argent où
l'on voyait d'un côté Pie IX, de l'autre Notre-
Seigneur lavant les pieds à ses apôtres.

— Très-Saint-Père, dis-je en baisant amou-
reusement sa main, ceci est un bien beau pré-
sent; mais ne pourrais-je obtenir celui-ci? Et
Je lui présentais la plume de cygne dont-il se ser-
vait.

« Mais, reprit-il en souriant, si je vous donne
ma plume je ne pourrai plus écrire. »

Et il tirait la plume par la barbe, tandis que
je résistais de mon côté. Il céda enfin à ma
prière un peu importune, je l'avoue, et regagna son
fauteuil après m'avoir béni une dernière fois (1).

Je sortis de cette entrevue l'âme embaumée
du parfum de la bonté paternelle du bien-aimé
vieillard. J'emportais avec la certitude d'une
guérison parfaite un souvenir qui restera toujours le plus profond de ma vie. Que l'on remar-

(1) La plume, la médaille d'argent et la supplique sont
chez M. le curé de Poinçon.

que, comme je l'ai dit plus haut, que le matin même de cette audience j'avais eu deux crises ; ce furent les dernières.

Rentré dans ma famille, je surveillai pendant deux ans les travaux d'une ferme importante (1). Pendant la guerre de 1870 je fis toute la campagne, d'abord comme franc-tireur, puis comme zouave dans la Légion des Volontaires de l'Ouest commandé par le général de Charette (2), et, malgré les dures fatigues des marches et contre-marches sans cesse renouvelées, malgré les privations de tous genres et les émotions parfois très-vives des postes avancés, je puis affirmer et certifier devant Dieu, que, depuis mon entrevue avec Pie IX, c'est-à-dire dans l'espace de neuf ans moins quatre mois, je n'ai jamais éprouvé le moindre effet de la maladie dont je viens de parler.

Voilà, bien cher frère, le narré un peu trop long peut-être de faits à vous bien connus. J'ai tenu à entrer dans tous ces détails afin de mettre autant que possible les personnes compétentes à même de qualifier cette guérison avec pleine et entière connaissance de cause. Plusieurs témoins oculaires, des plus dignes de foi, peuvent être interrogés ; et on peut remettre, à qui

---

(1) La ferme de Larrey, canton de Laignes, ferme appartenant à la famille Thoureau.

(2) Il est sorti du corps où il était instructeur dans le grade de sergent.

voudra le consulter, le certificat des docteurs de l'hôpital de Rome, qualfiant eux-mêmes la maladie.

Maintenant dira ce que voudra la science. Pour moi, dans ma conviction la plus intime, cette guérison n'en est pas moins merveilleuse. Aujourd'hui, après l'avoir proclamée comme telle, il ne me reste plus qu'à dire avec tous les sentiments de la plus vive et plus sincère reconnaissance :

Gloire à Dieu ! Honneur à Pie IX à jamais mon Père, mon Roi, mon Pontife bien-aimé !

Étienne Coqueugniot,
Ex-zouave pontifical.

Nous, Vicaire général de Mgr l'Évêque de Dijon, soussigné, certifions que cette lettre est de M. l'abbé Étienne Coqueugniot, ex-zouave pontifical, missionnaire Lazariste en Chine, diocèse de Péking, et qu'elle est parfaitement authentique. Ce digne prêtre est mort en avril 1878.

Dijon, le 27 décembre 1878

G. DARD.

v. g.

LETTRES ET DOCUMENTS

Certificat du médecin de l'hôpital militaire du Saint-Esprit, à Rome.

OSPEDALE MILITARE

Roma, li 11 novembre 1868.

Il zuavo Coqueugniot Stefano fece ingresso in quest'Ospedale il giorno 5 del corrente novembre perchè si disse affetto da *epilessia* che lo tormenta da moltissimo tempo, e per la quale erasi portato anche nella sua patria, onde far sperimento se l'aria nativa lo avesse potuto giovare.

Ogni cura però adoperata, e l'aria nativa stessa non gli hanno arrecato vantaggio di sorta.

E di fatti da che si trova all'Ospedale, ogni giorno ed anche più d'una volta al giorno è andato soggetto ed attacchi epilettici.

E per questo che deve dichiararsi inabile al servizio delle armi e meritevole di riforma.

Il medico Primario,

F. UDENTINI.

HOPITAL MILITAIRE

Rome, le 11 novembre 1868.

Le zouave Coqueugniot Étienne, est entré dans cet hôpital le 5 novembre courant, se disant atteint d'épilepsie, affection qui le tourmentait depuis très-long-temps et pour cette cause il s'était même rendu dans sa patrie, afin d'expérimenter si l'air natal aurait pu lui être utile.

Toutefois, les soins employés, et même l'air natal, n'ont amené aucune amélioration dans son état.

En effet, depuis qu'il se trouve à l'hôpital, chaque jour, et même plusieurs fois par jour, il a été pris d'attaques épileptiques.

C'est pour ces motifs qu'il doit être déclaré impropre au service militaire et doit être réformé.

Le Médecin en chef,

F. UDENTINI.

Lettre de Mme Philipon à M. l'abbé Coqueugniot.

Paris, 8 mai 1878.

Monsieur le curé,

Vous réclamez mon humble témoignage, ou plutôt, par mon souvenir, celui du Docteur Lassègue qui a constaté la maladie de votre cher et regretté frère. Il m'est facile de rappeler en quelques mots l'impitoyable pronostic du célèbre Docteur que j'allai voir au lendemain de la consultation accordée par lui à la sollicitation de mon amie Madame Colmet-Daàge. Voici ce qu'il me dit avec la brusquerie assez ordinaire des grands spécialistes : « Il n'y a aucun doute sur le caractère du mal qui est bien l'épilepsie; les crises se rapprocheront; l'idiotisme surviendra, et la mort suivra dans un délai dont on ne peut prévoir aujourd'hui la durée. »

Or, Dieu a voulu donner un double démenti à la science en permettant qu'avec la guérison du corps, l'intelligence se dégageât lumineusement de toute atteinte. C'est, pour quiconque a connu l'ardent et pieux missionnaire, une incontestable manifestation de la Providence.

Veuillez, Monsieur le curé, offrir à Madame votre mère, et agréer pour vous-même l'expression réitérée de ma respectueuse condoléance.

A. Philipon.

Lettre de M. l'abbé Favier, missionnaire lazariste à Péking, à M. l'abbé Coqueugniot, curé de Poinçon.

Péking, 14 avril 1878.

Monsieur le curé,

J'ai à vous annoncer une bien triste nouvelle; Dieu a appelé à lui votre cher frère Étienne. Il est mort le 10 courant, vers 10 h. 1/2 du soir.

Ce cher frère, qui était aussi le mien, a été attaqué de la petite vérole et emporté rapidement. Il venait d'être nommé directeur du Grand District de Pao-Ting-Fou, capitale de la Province, où il travaillait depuis deux ans avec le plus grand zèle. Il avait pu se rendre maître de la langue chinoise, et donnait les plus brillantes espérances; aimé de tous sans exception, estimé, apprécié surtout à cause de son excellent cœur..... Que les desseins de Dieu sont impénétrables ! Au moment où il allait rendre le |plus de services, le voilà enlevé à notre affection !.....

Il est mort en saint, avec toutes les dernières consolations, entouré de quatres prêtres dont trois lazaristes. Plus tard nous vous ferons parvenir tous les détails; nous ne savons que cela, apporté par un courrier rapidement expédié.

Demain matin nous envoyons un courrier spécial à Tien-Tsin, pour qu'au premier bateau la triste nouvelle arrive à Shang-Haï d'où on télégraphiera à Paris. De cette manière, avant dix jours, toutes les messes se diront pour le cher défunt; il en aura plus de mille, mais nous croyons tous qu'il est allé au Ciel tout droit; elles ne serviront qu'aux pauvres âmes du Purgatoire.

Pardonnez-moi le décousu de cette lettre, je suis tout attéré encore de la triste nouvelle et je sais à peine ce que j'écris.

Prions ensemble pour notre cher frère, et n'oubliez pas je vous prie de mêler à son nom celui de votre ancien condisciple et vieil ami qui sera toujours en J. M. J.

Votre tout dévoué et tout affectionné,
ALPHONSE FAVIER.
Missionnaire Apostolique.

Extrait d'une lettre de M. Thierry, mission-
naire lazariste, à Péking.

Péking, le 5 juin 1878,

Des lettres arrivées maintenant en France ont porté
la funeste nouvelle de la mort de mon bien cher confrère, M. Coqueugniot, douloureuse nouvelle qui, je
n'en doute pas, vous a été communiquée. C'est pour
moi une mort bien sensible, car il était hélas ! ici, plus
qu'un confrère, c'était un ami, un Bourguignon comme
moi. C'est une bien grande perte pour notre mission,
qui déjà n'est pas riche en sujets. Il débutait à peine
et cependant il nous avait déjà donné un échan-
tillon de ce qu'il aurait été, une fois habitué à
la langue et aux usages de la Chine. Ce sont des hommes de cette trempe, qui, sachant tout faire, et toujours prêts à marcher, conviennent aux missions de
cet extrême Orient.

Voyez, mon cher confrère, comme le bon Dieu dispose tout. Il y avait peu de temps que je lui disais en
riant : « Ah ! ça, père Coqueugniot, il faut que je vous
ménage maintenant, car me voilà déjà vieux ;
dans quelques temps, si le bon Dieu me prête vie, je
ne serai plus bon qu'à mettre à la *ferraille,* alors vous
serez mon supérieur et vous aurez pitié de moi qui
exercerai votre patience. » Mais le bon Dieu a changé
les rôles : c'est lui qui devait me fermer les yeux, et voilà
que c'est moi qui l'ai assisté à ses derniers moments
et qui l'ai enterré. C'était un saint jeune homme ;
aussi est-il mort bien saintement. L'affreuse maladie,

le typhus uni à *la dyssenterie*, l'a traité rudement; cependant il n'a jamais laissé échapper une plainte : il était déjà mûr pour le ciel ; voilà pourquoi la pensée de la mort ne l'effrayait pas.

Je crois que le bon Dieu a accompli un de ses plus grands désirs : c'était de mourir jeune et le plus tôt possible. C'est une pensée qu'il m'avait exprimée plusieurs fois ; au point que je lui disais en riant, qu'il m'avait l'air d'un paresseux qui voulait attraper la couronne avant d'avoir combattu les combats du Seigneur. Enfin, mon cher ami, le voilà hors des misères et des embarras de cette vie, jouissant de la paix des bienheureux. Malgré ma peine et mon affliction, je ne puis ne pas dire : *fiat voluntas tua, et non mea.* En faisant part de cette lettre à M. le curé de Poinçon-lès-Larrey, ayez la bonté de lui présenter mes respectueuses salutations et de dire à lui et à Madame sa mère quelle part je prends à leur douleur.

THIERRY, M. Ap.

Extrait d'une lettre de M. Thierry, lazariste, missionnaire à Péking.

Péking, 1er juin 1878.

En quittant mon district de Pao-Ting-Fou, j'avais laissé tous mes pouvoirs de directeur à mon cher bourguignon, M. Coqueugniot, qui pour commencer trouvait la charge un peu lourde, et j'étais venu à Péking. Mais quinze jours après mon arrivée à Péking j'avais eu à peine le temps de me reconnaître qu'un soir Monseigneur Delaplace arrive soudain à notre église de Non-Tong tout triste et très-impressionné : « Voici, dit-il, une lettre de Pao-Ting-Fou, M. Coqueugniot est dangereusement malade; il faut aller à son secours. Vous êtes au courant de toutes les affaires du district. Il n'y a que vous qui puissiez y aller ; vous partirez demain dès le matin. » J'arrivai près de notre cher malade le 4 avril. Il avait déjà reçu les derniers sacrements , mais il me reconnut bien et parut content de me voir venir à son secours. Le typhus mêlé à la dyssenterie ne laissait plus guère d'espoir aux médecins. Aussi malgré les bons soins qui lui furent prodigués il rendit sa belle âme à Dieu à dix heures et demie du soir. C'est moi qui l'ai assisté à ses derniers moments, et qui lui ai fermé les yeux ! Ministère bien douloureux mais en même temps bien consolant pour un missionnaire. C'était un saint que ce jeune missionnaire, et il est mort bien saintement. Je vous prie de dire cela à sa bonne mère et à son respectable frère, M. le curé de Poinçon, qui a déjà été d'ailleurs informé de cette triste nouvelle par M. Favier, mon confrère et son ancien condisciple. Je l'ai enterré la veille du dimanche des Rameaux dans notre sépulture de Ngan-Kia-Tchouang, sa paroisse. Tous ses paroissiens en pleurs l'ont accompagné jusqu'à sa dernière demeure.

J'ai déjà enterré bien des confrères, je n'ai pas encore eu de mort qui m'ait été plus sensible. Il n'y avait pourtant que deux ans que nous étions ensemble. C'était un si bon confrère ! Le bon Dieu dispose tout pour sa gloire, que sa sainte volonté soit faite.....

Lettre de Monseigneur Delaplace, lazariste, évêque de Péking.

Quel bon confrère vraiment, quel brave missionnaire nous perdons ! Ils sont impénétrables, les conseils de Dieu... Adorons-les, mon cher Monsieur, tout en pleurant.

M. Favier se trompe, lorsqu'il parle de la petite vérole. D'après toutes les lettres, que j'ai reçues, Monsieur votre frère est mort d'une maladie appelée par les Chinois *Tchin tse* espèce de rougeole, le plus souvent compliquée de fièvre miliaire.

Attaqué le 22 mars, Étienne était hors d'affaire le 25. Il voulut trop vite reprendre des forces ; d'où rechute terrible le 27 mars. Administré le 3 avril, il a rendu son âme à Dieu, mercredi dernier. C'est M. Thierry, d'Arthonay près Tonnerre, qui lui a fermé les yeux. Que cette tombe si vite ouverte reste entre nous un lien de souvenir et d'affection !

Louis GABRIEL.
C. M., Év. d'Andrin, Vic. ap. de Péking

P. S. J'enverrai sous peu l'acte de décès bien légalisé.

Lettres de M. Derepas, ancien condisciple de l'abbé Étienne et professeur de philosophie, à Soissons, à M. l'abbé Coqueugniot, curé de Poinçon.

Soissons, le 3 juin 1878.

Monsieur le Curé,

Je n'ai appris que tout dernièrement la mort de votre frère, mon bon et cher ami Étienne. Faut-il vous plaindre d'une perte assurément très-cruelle, ou vous féliciter d'avoir un frère martyr. Sans doute, Étienne n'est pas mort au milieu des supplices. Mais si l'Église reconnait un baptême de désir, on peut dire aussi qu'il y a martyre, quand, après avoir ardemment souhaité de mourir pour la foi, on fait tout au monde pour conquérir cet honneur, et on s'en va succomber au milieu des Missions, après avoir sacrifié famille et patrie. C'est le cas de votre frère.

Et certes le sacrifice était grand pour lui. Cette famille et cette patrie il les aimait avec toute la générosité de son grand cœur, toute la vivacité et la tendresse d'une sensibilité exquise.

Pour ce qui est de sa famille, mieux que personne vous le savez et peut-être pourriez-vous à ce sujet raconter de lui des dévouements peu ordinaires. Mais je veux vous dire de mon côté que, si haut que remontent mes souvenirs sur son compte, et ils sont déjà lointains, je lui ai toujours entendu parler des siens avec une piété filiale et fraternelle vraiment touchante. Mais c'est surtout pendant la guerre que j'ai pu juger de son affection pour vous tous. Je n'oublierai jamais

cette nuit où Étienne, Legendre et moi nous délibé-
rions, dans la loge du concierge du grand séminaire,
sur le parti à prendre. Les Prussiens devaient entrer
le lendemain à Dijon. La compagnie des Francs-Tireurs
Coëtaudon dont nous faisions partie s'était dispersée.
Résolus, Legendre et moi, à rejoindre les zouaves
pontificaux, nous demandions à Étienne, avantageu-
sement connu au corps, je l'ai bien vu depuis, de nous
y conduire. Certes, c'était, à ce moment, le prendre
par son faible et il avait plus encore que nous un très-
vif désir de combattre sous un chef qu'il connaissait
et admirait.

Mais pendant la petite campagne que nous venions
de faire, qu'étaient devenus les siens? Souffraient-ils
déjà de la présence de l'ennemi? Aucun mal ne leur
était-il arrivé? Ce pauvre Étienne n'y tint pas : le cœur
gros, il nous laissa partir; les larmes aux yeux il
nous dit *au revoir,* se promettant bien de nous rejoindre au plus tôt; et avant de « repartir en guerre »
il voulut revoir sa famille. Sans s'inquiéter des quinze
ou vingt lieues qui le séparaient de vous, des dangers
sans nombre qu'il pouvait rencontrer sur la route, il
partit de son côté.

Ce n'est là qu'un trait dans l'histoire de son amour
pour la famille, mais il me semble caractéristique et
certainement il vous fera plaisir.

Quant à son patriotisme, sa conduite pendant la
guerre le prouve surabondamment. Je ne vous en ci-
terai aussi qu'un trait, parmi ceux qui sont à ma connaissance. C'était le 25 octobre, je crois, le jour de
cette malheureuse affaire de Talmay où nos pauvres
troupes, sans organisation et sans direction, ne pu-

rent, malgré leur bonne volonté, rien faire de sérieux. Nous étions le matin, à Essertenne, en reconnaissance. On demande six hommes de bonne volonté dans la compagnie pour pousser un peu plus loin, vers une hauteur boisée, où l'on soupçonnait des Prussiens cachés. Étienne fut assez prompt à s'offrir pour être choisi. Une demi-heure après, et tandis que la petite troupe s'avançait vers le bois, les Prussiens en débouchent et descendent droit sur Essertenne. Il n'y avait plus qu'à se replier en hâte vers la compagnie laissée au-delà du village. Étienne pensait bien et disait que la compagnie, avec les autres troupes, se serait postée en tirailleurs sur la lisière de la forêt qui sépare Essertenne de Talmay. Lorsque, en y arrivant, il ne vit plus personne, ou plutôt lorsque le triste spectacle d'un sauve-qui-peut général s'offrit à ses yeux, son indignation, sa douleur furent telles que je craignis un moment pour ses nerfs délicats. Nulle apparence de crise ne parut, et vous pourrez citer ce fait comme preuve que sa miraculeuse guérison était bien complète. Mais les larmes dans les yeux il protestait en termes très-énergiques, que ce n'était pas ainsi qu'on se conduit devant l'ennemi, et voulait quand même et pour sa part faire face et résister. C'était inutile et les plus braves ne purent tenir au milieu de la confusion générale. Il fallut entraîner Étienne : mais son émotion était profonde et il fut longtemps à s'en remettre : il avait vu pour la première fois par lui-même l'impossibilité matérielle où nous étions de ressaisir la victoire, et son patriotisme ne s'en consolait pas.

Et quand je songe, Monsieur le Curé, quelle foi profonde et vivante animait et sanctifiait ces sentiments dans l'âme d'Étienne ; quand j'ai vu plus tard le bon-heur avec lequel il voyait ses rêves les plus chers enfin exaucés par Dieu, et l'ardeur avec laquelle il souhaitait de couronner le tout par un don total de soi et de tout ce qu'il aimait à Dieu et à son Église, j'étais pénétré d'admiration et de respect, et je me disais que vraiment il méritait bien la palme du martyre.

Et il est tombé au seuil de la carrière qui s'ouvrait enfin devant lui, « vivement regretté de ses confrères et de toute la Congrégation, » me disait aujourd'hui le Supérieur du petit séminaire de Soissons qui m'a appris sa mort et qui est lazariste. « Je suis étonné, ajoutait-il, que Dieu, qui l'avait miraculeusement guéri par Pie IX, ne l'ait pas réservé plus longtemps à nos Missions. » Ne pensez-vous pas, Monsieur le Curé, que Dieu voulait seulement l'amener à l'honneur, vrai-ment mérité par lui, du sacerdoce et lui donner la grande joie de mourir missionnaire du Christ? Mon excellent ami Legendre, que je vois encore dans les bras de ce pauvre Étienne, la première fois qu'ils se sont revus après la guerre et après l'amputation, mon ami Legendre à qui j'ai appris la mort de notre cher Étienne, me répond : « Il a bien fait ce qu'il me disait un jour. « On se dévoue ; le chemin est plus rude peut-être ; mais en tout cas il est plus court, et l'on est vite arrivé. » Il est arrivé lui, et je suis bien sûr qu'il ne nous oubliera pas et nous tendra la main. »

Voilà ce qu'il faut nous dire, Monsieur le Curé, et faire taire nos regrets humains...

Pardon d'avoir ranimé les vôtres. J'avais besoin de

causer un peu de lui avec vous. Je m'arrête court pour ne pas être interminable.

Croyez, M. le Curé, à mes meilleurs sentiments.

C. DEREPAS.
Professeur de philosophie à Soissons.

Lettre de M. Legendre, ancien condisciple de l'abbé Étienne, et professeur de rhétorique à Clamecy, à M. l'abbé Coqueugniot, curé de Poinçon.

Clamecy, le 18 Juin 1878.

Monsieur le Curé,

J'apprends par mon ami Derepas, et par votre ettre même qu'il m'a envoyée, la mort bien imprévue d'Étienne notre ami si dévoué.

J'ai lu et relu les détails trop peu nombreux qui vous sont parvenus! Quelle douleur a dû vous saisir vous-même et encore plus sa pauvre mère, en recevant cette triste nouvelle. Quant à Étienne, je sais que son sacrifice était fait depuis longtemps; il n'était pas de ceux qui calculent avec le bon Dieu; et je me rappelle encore avec quelle tranquillité il m'exposait un jour ses projets de fatigue, à défaut de martyre. Brave Étienne, il n'a pas attendu longtemps la récompense de sa vie toute d'abnégation et de dévouement? Aussi n'est-ce pas lui qu'il faut plaindre, s'il a touché si vite au grand but; ce sont les pauvres parents qui restent et qui se désolent de cette séparation suprême, après avoir déjà pleuré tant d'autres enfants!

Pauvre et digne mère, que de fois elle a dû se séparer de lui dans sa vie pourtant si courte? Que d'épreuves ont conduit son fils tour à tour des bancs des séminaires aux travaux de Larrey, puis à Rome, aux dangers de la guerre de 1870, chez les Lazaristes, et enfin au fond des Missions Orientales.

Oh! comme je prie le bon Dieu qu'il vous donne dans cette épreuve force et consolation. Puisse-t-il rendre plus douces pour Madame Coqueugniot les larmes qu'il nous est consolant de verser, même pour la mort des saints. Or, vous savez, mieux que personne, combien il y a peu d'exagération à donner à Étienne ce titre, ainsi que le fait Monsieur l'abbé Thierry.

Oh! oui, il a dû mourir en vrai saint, en vrai fils de saint Vincent de Paul; et je comprends quel prix vous devez attacher à recueillir tous les détails de sa mort. Et nous qui avons été ses condisciples, puis ses compagnons d'armes, qui l'aimions si cordialement, qui l'avons connu de si près dans les circonstances les plus difficiles comme les plus solennelles de sa vie, ce sera toujours avec le plus vif intérêt que nous en conserverons l'édifiant et touchant souvenir.

Pour moi, en particulier, qui porte sa croix de Lazariste, cette croix qu'il m'avait donnée en venant me voir à l'ambulance des Frères Saint-Jean-de-Dieu quelques jours seulement avant son départ pour les Missions, je la garderai avec plus d'affection encore et plus de respect, en mémoire de notre saint ami.

Je vois, par ce que vous répondez à Derepas, qu'il vous avait proposé de résumer nos souvenirs communs sur Étienne; vous lui répondez que son désir a été prévenu et que vous vous en occupez. Assurément nul n'est mieux placé, pour le faire avec toute connaissance de cause; et, s'il m'est permis de formuler un vœu, c'est que vous ne craigniez pas de faire ressortir tout ce qu'il y a de beau, de vrai, de vivant dans les différentes épreuves qu'il a successivement traversées. Votre lettre semblerait indiquer que votre attention est trop exclusivement attirée par la circonstance de sa guérison : on pourrait, je crois, élargir le cadre, sans blesser aucunement la discrétion.

C'est un désir d'ami ; si j'ai pris la liberté de le formuler, c'est pour m'en rapporter à votre jugement, bien certain que ce que vous ferez sera le mieux.

J'offre à Madame Coqueugniot, avec mes condoléances bien sincères, les sentiments de ma vraie et respectueuse affection ; et à vous, Monsieur le Curé, je serre les mains avec une bien cordiale sympathie.

VICTOR LEGENDRE.
Professeur de rhétorique à Clamecy (Nièvre).

Pages

OUVRAGES DE M. HENRY D'IDEVILLE

Journal d'un Diplomate en Italie. (Hachette éditeur) Notes intimes pour servir à l'histoire du second Empire. — (Turin, 1859-1862. 3ᵉ édition, 1872.

Journal d'un Diplomate en Italie. (Hachette éditeur). Notes intimes pour servir à l'histoire du second Empire. — (Rome, 1862-1866. 3ᵉ édition, 1872.

Journal d'un Diplomate en Allemagne, en Grèce. (Hachette éditeur). Notes in imes pouvant servir à l'histoire du second Empire. — (Athènes, 1866; Dresde, 1867.) 2ᵉ édition, 1872.

Les Piémontais à Rome. Lettres du Comte de Résie, recueillies et éditées par H. D'IDEVILLE. — (Mentana, 1867; la prise de Rome, 1870.) — Epuisé 1873.

M. Beulé, Souvenirs Personnels, avec portraits et autographes. In-18 (éditeur Michel Lévy.) 1875.

Une Visite au Maréchal Canrobert. — Un vol. in-18. — Epuisé 1875

Monseigneur Xavier de Mérode. In-18. — Epuisé 1876.

Le pape Pie IX. Sa vie et sa mort. — Un vol. in-18. (Victor Palmé, éditeur.)

Le roi Victor-Emmanuel. Sa vie et sa mort. — In-18.(Victor Palmé. 1878.

Châteaux de mon Enfance (Auvergne et Bourbonnais.) Un grand vol. in-8ᵒ orné d'eaux-fortes. — (Victor Palmé, éditeur.) 1870.

Vieilles Maisons, jeunes Souvenirs (1830-1860.) — Le Collège. — L'Ecole de Droit. — Le Ministère des Affaires étrangères. — (Charpentier, éditeur.) 1878.

Paris-Auteuil. — Imp. des Apprentis orphelins. — 40, rue La Fontaine. — ROUSSEL.

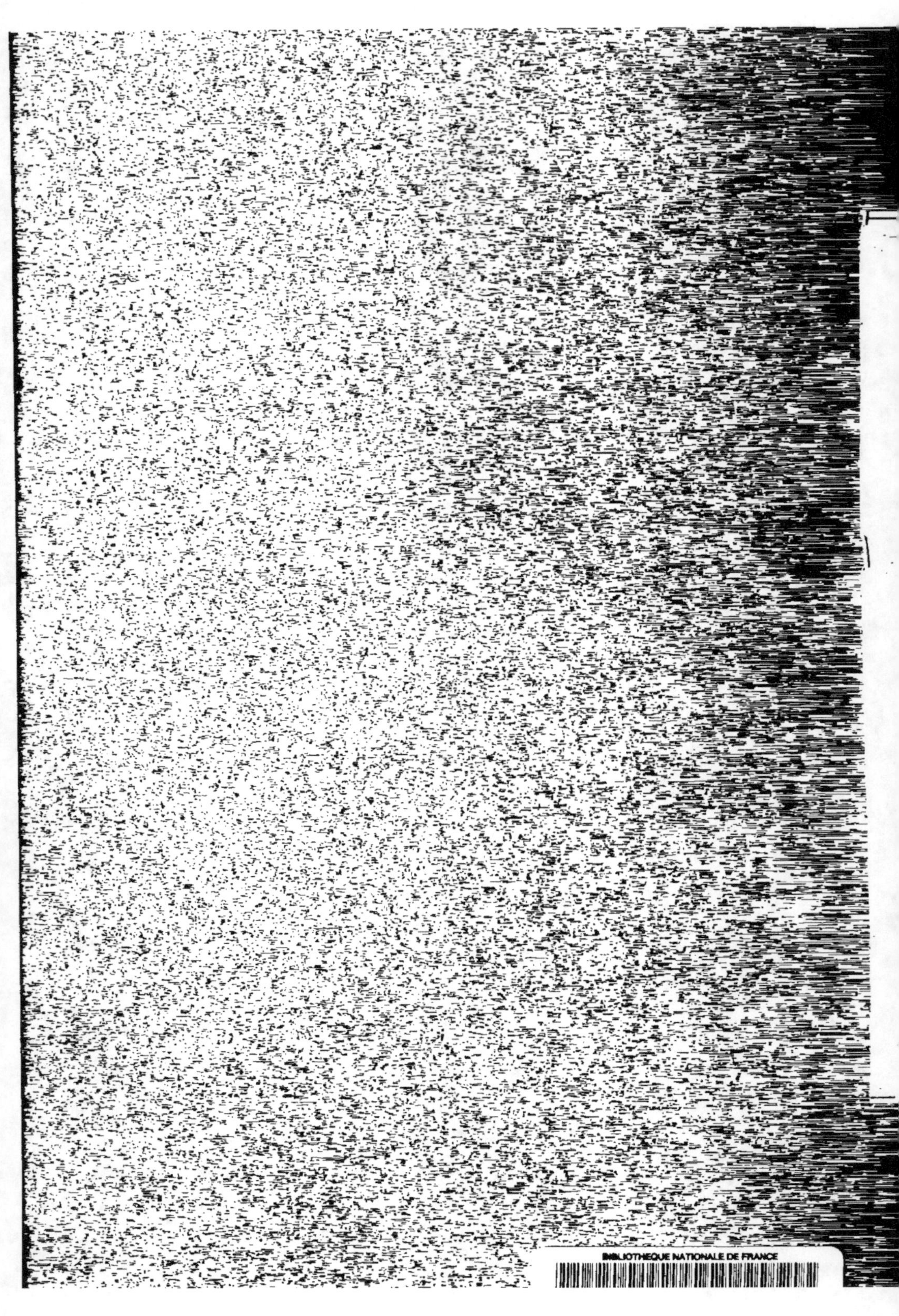